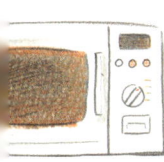

글 **고대영**

1960년 서울에서 태어나 성균관대학교를 졸업했습니다. 자신의 두 아이와 생활하며 겪은 일화를 바탕으로
어린이들이 공감할 수 있는 이야기를 만드는 작업을 해 오고 있습니다. 쓴 책으로 '지원이와 병관이' 시리즈와
《아빠와 아들》,《누나가 좋다》,《그림책으로 행복해지기》 등이 있으며, 옮긴 책으로 《엄마를 꿀꺽한 멍청이늑대》,
《이상한 고양이개》 등이 있습니다.

그림 **김효은**

대학에서 섬유디자인을 전공했고 입필미래그림연구소에서 공부했습니다. 그동안 그림책 《나는 지하철입니다》를 쓰고 그렸고,
《기찬 딸》,《비 오는 날에》,《별이 뜨는 꽃담》,《우리가 걸어가면 길이 됩니다》,《민지와 다람쥐》,《내 모자야》,《오빠와 나》,
《앵그리 병두의 기똥찬 크리스마스》,《아홉 살 마음 사전》 등에 그림을 그렸습니다.

알아서 척척, 어린이 생활백과 고대영 글 | 김효은 그림

1판 1쇄 펴낸날 2019년 2월 27일 | **1판 3쇄 펴낸날** 2021년 12월 3일
펴낸이 이충호 | **펴낸곳** 길벗어린이㈜ | **등록번호** 제10-1227호 | **등록일자** 1995년 11월 6일
주소 04000 서울시 마포구 월드컵북로 45 에스디타워비엔씨 2F | **대표전화** 02-6353-3700 | **팩스** 02-6353-3702
홈페이지 www.gilbutkid.co.kr | **편집** 송지현 임하나 이현성 황설경 김지원 | **디자인** 박진희 김연수 송윤정
마케팅 호종민 김서연 황혜민 이가윤 강경선 | **총무·제작** 최유리 임희영 박새별 이승윤
ISBN 978-89-5582-466-7 73190

글 ⓒ 고대영 2019, 그림 ⓒ 김효은 2019
이 책은 저작권법에 따라 보호받는 저작물이므로, 저작권자와 길벗어린이㈜의 허락 없이는 이 책의 내용을 쓸 수 없습니다.

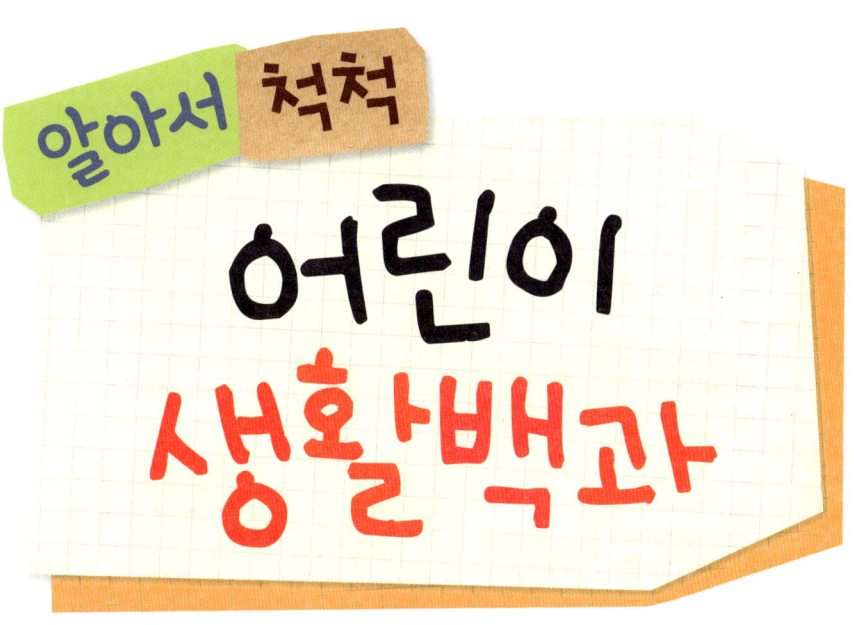

어린이 생활백과

고대영 글 · 김효은 그림

길벗어린이

작가의 말

 **안녕하세요, 어린이 여러분!**

우리 어린이들이 아기였을 때에는 부모님께서 아침에 깨워 주시고, 얼굴을 씻겨 주시고, 옷을 입혀 주시고, 밥도 먹여 주셨을 거예요. 그뿐인가요? 방도 깨끗하게 치워 주시고, 머리도 감겨 주시고, 목욕도 시켜 주셨겠지요. 밤에는 자장가를 부르면서 잠도 재워 주셨을 거고요. 아기는 혼자서 할 수 있는 일이 많지 않거든요. 엄마, 아빠에게는 여러분이 세상에서 제일 소중한 존재랍니다.

부모님께서 잘 돌봐 주신 덕에 여러분은 쑥쑥 자랐어요. 이제 더 이상 혼자서는 아무것도 할 수 없는 아기가 아니예요. 여러분은 이제 아침에 스스로 일어나 이부자리를 정리할 수 있어요. 알아서 세수도 하고, 부모님과 함께 밥상을 차려서 밥을 먹을 수도 있지요. 먹고 난 다음에는 그릇도 치우고, 때론 부모님을 도와 설거지도 할 수 있을 거예요. 아직 잘 못한다고요? 걱정 마세요. 앞으로 얼마든지 잘할 수 있으니까요.

이 책을 보면 여러분이 이미 스스로 잘하고 있는 일도 있을 거고, 이제부터 새롭게 배워야 하는 일도 있을 거예요. 처음 해 보는 일은 늘 어렵답니다. 하지만 자꾸 하면 점점 능숙해질 거예요. 중요한 건 스스로 하고자 하는 마음가짐이지요. 자기 할 일을 스스로 찾고 혼자 힘으로 해내려고 노력하다 보면, 스스로 판단해서 결정하는 힘 또한 커질 수 있답니다. 생활 속 작은 일부터 스스로 하는 습관을 들이면, 공부도, 인간관계도, 나아가 여러분의 삶도 스스로 결정하고 주도해 나갈 수 있을 거예요.

 ## 이 책을 아이와 함께 읽는 어른들에게

   이 책을 쓴 저를 비롯해, 부모라면 누구나 아이가 행복하게 살길 원합니다. 행복한 삶이란 무엇일까요? 저마다 자기 영역에서 성실하게 살아가는 삶이 아닐까요?

   예측할 수 없는 미래 사회를 살아갈 어린이들이 행복하게 살기 위해 가장 필요한 능력은 무엇일까요? 바로 인간만이 가진 창조력입니다. 변화의 흐름에 뒤처지지 않고 미래를 이끌어가기 위해서는 새로운 세상을 그리고 만들어 나갈 수 있는 능력이 필요한 것이지요.

   새로운 생각으로 세상을 이끌어가려면 먼저 자기 주변 세계를 잘 알아야 합니다. 그래서 어린이들에게는 자신의 생활 속에서 일어나는 일들에 호기심을 가지고, 그러한 일들이 어떤 방식으로 이루어지는지 알며, 때론 자신이 그 일을 주도해 나가는 경험이 중요합니다. 바로 생활력을 갖추는 것이지요. 아이들이 자신의 주변 세계 안에서 자기가 할 일을 스스로 정하고 자기 생활을 이끌어 나갈 줄 알게 된다면, 자라면서 더 넓은 세상을 이끌어 나갈 수 있을 것입니다.

   생활력이 강한 아이는 자존감이 강하다고 합니다. 자존감이 강한 사람은 자신을 존중하는 만큼 타인도 존중할 줄 압니다. 그래서 성공했을 때 자만하지 않고, 실패했을 때 좌절하지 않습니다. 이 책이 우리 아이들이 자존감이 강한 사람으로 성장하는 데 작은 디딤돌이 되길 바랍니다.

차례

작가의 말 ………………… 2

🌙 아침 일찍 일어나기 ………… 6
🚽 시원하게 똥 누기 ………… 8
✋ 깨끗하게 손 씻기 ………… 10
👕 예쁘게 옷 입기 ………… 12
🍚 든든하게 아침 먹기 ………… 14
🥢 젓가락질 잘하기 ………… 16
🪥 치카치카 이 닦기 ………… 18
👟 야무지게 운동화 끈 묶기 ……… 20
👏 씩씩하게 인사하고 학교 가기 …… 22
🚲 씽씽 자전거 타기 ………… 24
🔋 건전지 갈아 끼우기 ………… 26

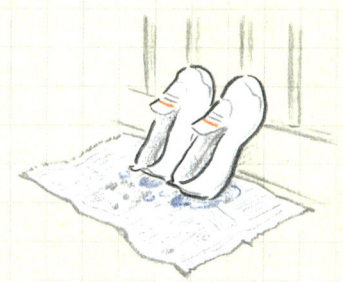

- 가족 기념일 챙기기 · · · · · · · · · 28
- 깔끔하게 정리 정돈하기 · · · · · · · · 30
- 고슬고슬 맛있는 밥 짓기 · · · · · · · 32
- 달걀 프라이 만들기 · · · · · · · · · 34
- 전자레인지로 음식 데우기 · · · · · · · 36
- 달그락달그락 설거지하기 · · · · · · · 38
- 쓱쓱 싹싹 청소하기 · · · · · · · · · 40
- 착착 가지런히 옷 개기 · · · · · · · · 42
- 하얗게 실내화 빨기 · · · · · · · · · 44
- 재활용 쓰레기 분리수거하기 · · · · · · 46
- 상쾌하게 머리 감기 · · · · · · · · · 48
- 개운하게 목욕하기 · · · · · · · · · 50
- 쌔근쌔근 잠자리 들기 · · · · · · · · 52

아침 일찍 일어나기

"은지야, 지훈아! 빨리 일어나. 학교에 늦겠다."
은지와 지훈이는 아침 일찍 일어나는 게 제일 힘들어요.

"아~함!"
은지가 먼저 두 눈을 비비며 일어났어요.

🌙 자기 전에 할 일

- 잠옷으로 갈아입기
- 이부자리 펴기
- 커튼 치기
- 이 닦기
- 화장실 다녀오기
- 알람 맞추기

☀️ 일어나서 할 일

- 알람 끄기
- 기지개 켜기
- 커튼 젖히기
- 이부자리 정리하기
- 화장실 다녀오기
- 잠옷 갈아입기

시원하게 똥 누기

"끄으~응!"
지훈이는 변기에 앉아서 있는 힘껏 힘을 주었어요.
"지훈아, 빨리 나와. 나도 화장실 가고 싶단 말이야."
화장실 문 밖에서 은지가 발을 동동 구르며 재촉했어요.

양변기 사용하는 법

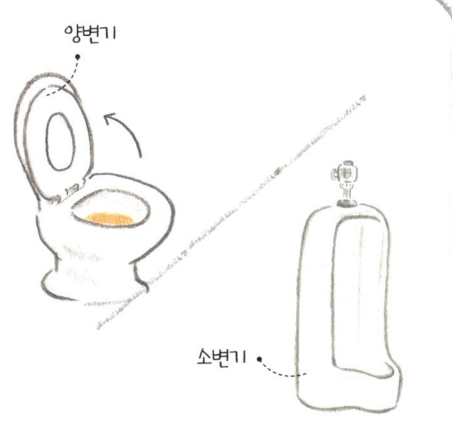

대변 변기에 앉은 채 휴지를 든 손을 뒤로 넣어 닦아요.

소변-여자 변기에 앉은 채 휴지를 든 손을 넣어 앞쪽에서 뒤쪽 방향으로 닦아요.

소변-남자 소변이 튀지 않도록 양변기는 커버를 올리고, 소변기는 가까이 다가가서 오줌을 눠요.

쪼그려 앉는 변기 사용하는 법

1. 앞을 보고 변기를 사이에 두고 양발을 벌려 서요.

2. 바지와 팬티를 무릎까지 내려요. 바지와 팬티를 발목까지 내리면 변기나 바닥에 닿아 더러워질 수 있어요.

3. 쪼그려 앉아 볼일을 봐요. 엉덩이가 변기에 닿지 않게 조심하세요.

화장실 에티켓

휴지는 필요한 만큼만 뜯고, 접어서 사용해요.

화장실을 나오기 전에 손을 꼭 씻어요.

깨끗하게 손 씻기

"지훈아, 손 씻었니?"
화장실에서 나온 지훈이에게 엄마가 물었어요.
"아뇨, 아무것도 안 묻었는데요."
"그래도 볼일을 본 다음에는 꼭 손을 씻어야 해."
"네!"

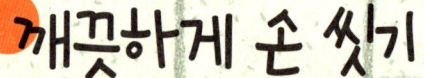

 **손 씻는 법**

1 두 손바닥을 맞대고 문질러서 비누 거품이 충분히 나게 해요.

2 한 손 손바닥으로 다른 손 손등을 문질러 닦아요.

3 두 손을 깍지 끼고 손가락 사이를 문질러 닦아요.

4 손가락 끝으로 반대편 손바닥을 문지르며 손톱 밑을 깨끗이 닦아요.

5 비눗기가 없어질 때까지 물로 충분히 헹구어요.

6 수건으로 손에 있는 물기를 닦아요.

 손톱 발톱 깎는 법

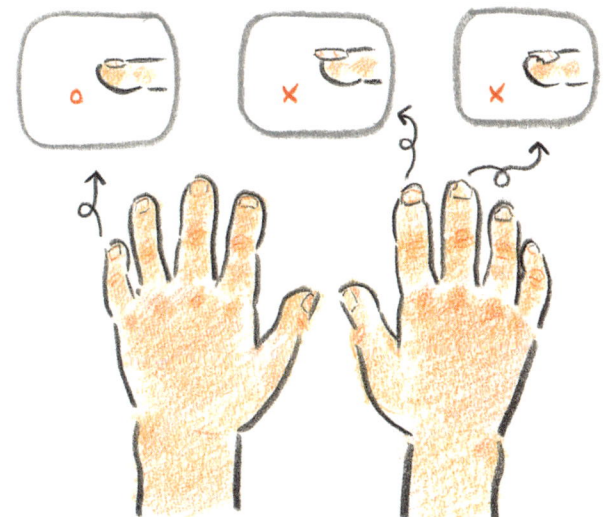
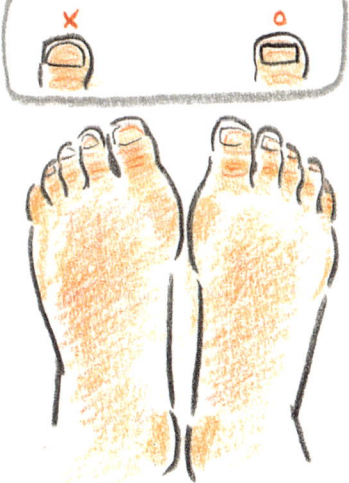

손톱은 손끝에 맞춰 둥글게 잘라요.

발톱은 일직선으로 잘라요.

예쁘게 옷 입기

오늘 은지는 친구들 앞에서 발표를 할 거예요.
은지는 거울 앞에 서서 좋아하는 옷들을 대 보았어요.
"입고 싶은 옷이 정말 많아."

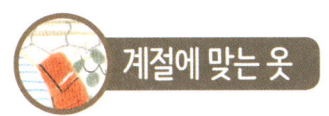
계절에 맞는 옷

봄·가을　　　　　여름　　　　　겨울

날씨와 상황에 맞는 신발

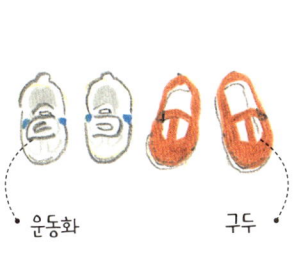

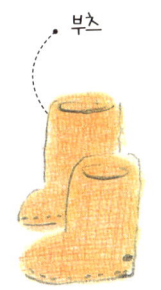

평상시 외출할 때　　더운 여름　　눈이 오는 날이나 추운 겨울　　비가 오는 날

조심하세요!

비 오는 날에는 빗길에 미끄러져 넘어지거나 우산 끝에 찔려 다칠 수 있으니 길에서 장난치지 않아요.

* 사용한 우산은 펴서 말린 뒤 보관해요.

🟠 든든하게 아침 먹기

"얘들아, 밥 먹고 오늘 하루도 씩씩하게 보내렴."
식탁 위에 부모님께서 차려 준 맛있는 음식이 가득했어요.
"잘 먹겠습니다!"
은지와 지훈이는 골고루 맛있게 먹었어요.

하루에 필요한 식품의 종류와 양

고기·생선·달걀·콩 몸이 자라는 데 필요한 단백질이 많은 음식이에요. 식사 때마다 골고루 먹어요.

과자·빵 기름이나 설탕이 많이 든 간식은 적게 먹는 게 좋아요.

채소·과일 비타민이 많이 들어 있어요. 하루에 400~500g 정도 먹어요.

소금·후추 음식이 싱거울 때 살짝 뿌려서 간을 맞추어요.

우유·유제품 다양한 영양소가 골고루 들어 있어요.

곡류 밥에는 에너지를 내는 탄수화물이 많아요. 아침, 점심, 저녁 매끼 한 그릇씩 먹어요.

올바른 식사 예절

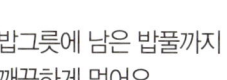
잘 먹었습니다!

한자리에 앉아서 얌전히 먹어요.

밥을 먹는 동안 휴대폰이나 TV는 잠시 꺼 두어요.

밥그릇에 남은 밥풀까지 깨끗하게 먹어요.

젓가락질 잘하기

지훈이는 아직 젓가락질이 서툴러요.
은지는 작은 콩알도 척척 잘도 집어 올렸어요.
"치, 나는 콩보다 콩나물이 좋아!"
지훈이가 괜히 심통을 부렸어요.

 젓가락 올바로 쥐는 법

1 엄지와 검지로 젓가락 두 짝을 나란히 잡아요.

2 젓가락 한 짝을 엄지와 검지 끝으로 올려 쥐고 중지 위에 걸쳐요.

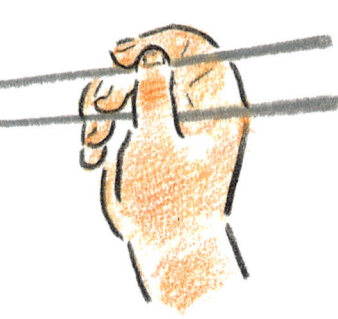

3 젓가락 두 짝 사이에 중지를 끼워요.

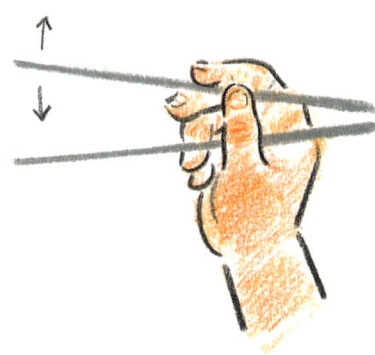

4 아래쪽 젓가락을 약지 위에 올려놓아요. 엄지는 움직이지 않고 중지를 이용해 위쪽 젓가락을 움직여서 음식을 집어요.

젓가락 면허 시험

어떤 학교에서는 젓가락 면허 시험을 시행하고 있어요. 1분 동안 젓가락으로 콩을 옮기는 시험이지요. 학교마다 기준이 다르긴 하지만, 1, 2학년은 10~15개, 3, 4학년은 15~20개, 5, 6학년은 20~25개 옮기는 데 성공하면 면허증을 딸 수 있어요.

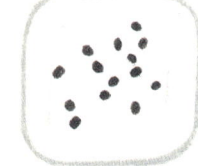 

1, 2학년   3, 4학년   5, 6학년

치카치카 이 닦기

"누가 누가 입을 더 크게 벌리나~!"
"아아아~!"
은지와 지훈이는 입을 크게 벌리고 치카치카 이를 닦았어요.

 **이 닦는 법**

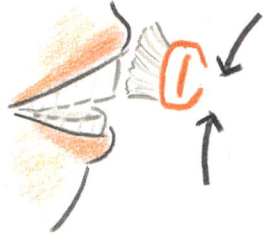
앞니는 잇몸에서 치아 쪽으로 위에서 아래, 아래에서 위로 칫솔을 움직여 닦아요.

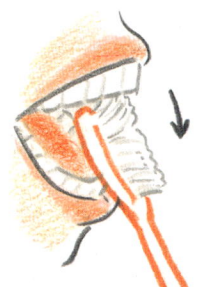
앞니 안쪽은 칫솔을 세워서 닦아요.

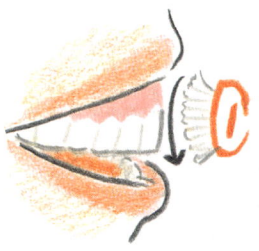
이와 잇몸 사이의 틈은 칫솔을 기울여서 꼼꼼히 닦아요.

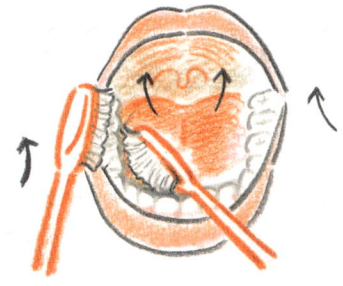
어금니는 안과 밖, 씹는 면까지 꼼꼼히 닦아요.

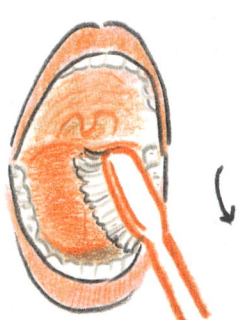
혓바닥은 칫솔을 문질러 닦고, 치약이 남아 있지 않을 때까지 물로 입안을 여러 번 헹구어요.

 **건강한 이를 위한 여러 가지 도구**

치실 이 사이에 낀 음식물의 찌꺼기를 빼내는 실이에요. 실을 이 사이에 끼우고 위아래로 움직여요.

치간 칫솔 이 사이에 낀 찌꺼기를 청소하는 칫솔이에요. 작은 솔을 이 사이에 넣고 앞뒤로 움직여요.

액체를 삼키지 않도록 조심하세요.

구강 세정제 입 냄새를 없애고 이가 썩는 것을 막아 주어요. 입안에 액체를 한 모금 머금고 가글을 한 뒤 뱉어 내고 물로 헹구어요.

야무지게 운동화 끈 묶기

지훈이는 운동화 끈을 묶느라 끙끙거렸어요.
"누나가 해 줄게."
"고마워!"
지훈이는 뭐든지 잘하는 누나가 엄청 멋져 보였어요.

 **운동화 끈 팔자 매듭으로 묶는 법**

1 양쪽 끈을 엇갈리게 잡아요.

2 한쪽 끈을 다른 끈 아래로 감아서 묶어요.

3 왼쪽 끈으로 고리 모양을 만들어요.

4 오른쪽 끈을 왼쪽 고리 위에서 아래로 한 번 감아요.

5 감아서 나온 끈을 왼쪽 끈 밑에 고리 모양으로 넣어요.

6 두 고리를 잡아당기면 팔자 매듭이 완성되어요.

 **팔자 매듭 이용하기**

후드 티의 모자 끈을 맬 때

선물을 포장할 때

수영복 끈을 맬 때

🔴 씩씩하게 인사하고 학교 가기

"학교 다녀오겠습니다!"
"그래, 선생님 말씀 잘 듣고 친구들이랑 사이좋게 놀아."
"네!"
은지와 지훈이가 씩씩하게 인사했어요.

상황에 맞게 인사하는 법

아침에 일어나서 부모님께 인사 드릴 때

등굣길에 선생님이나 친구를 만났을 때

학교 수업을 마치고 집으로 돌아왔을 때

부모님께서 외출하실 때

엘리베이터 이용하는 법

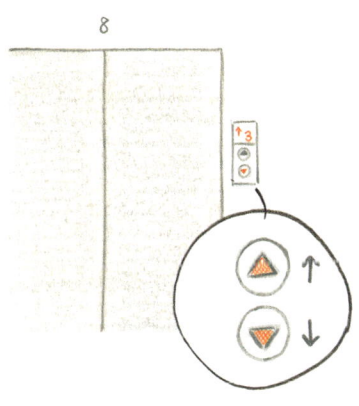

문 옆에 위아래 버튼이 있어요. 올라갈 때에는 위 버튼을, 내려갈 때에는 아래 버튼을 누르고 기다려요.

문이 열리면 안에 있는 사람이 내린 뒤에 타요. 엘리베이터 안에서 장난치거나 뛰면 위험해요. 또 문에 기대어도 안 돼요.

1~3층을 다닐 때에는 계단을 이용하면 건강에 좋고 전기도 아낄 수 있어요.

씽씽 자전거 타기

"따르릉~ 비키세요! 자전거가 나갑니다!"
은지와 지훈이가 신나게 자전거를 타고 공원에 갔어요.
"어? 어!"
은지의 자전거 바퀴에서 피식 소리가 나며 자전거가 멈췄어요.

자전거 바퀴에 바람 넣는 법

1 바퀴에서 바람을 넣는 곳을 찾아 밸브 뚜껑을 열어요.

2 공기 펌프의 노즐을 바퀴 밸브에 연결해요.

3 공기 펌프의 손잡이를 잡고 위아래로 펌프질하며 바퀴에 공기를 넣어요.

4 바퀴가 팽팽해지면 공기 펌프 노즐을 빼고 밸브 뚜껑을 닫아요.

 자전거 보관하는 법

자전거 보관소에 자전거를 세운 뒤 자전거 자물쇠를 걸어 잠가요.

난간이나 구조물에 자전거 자물쇠를 걸어서 잠가요.

조심하세요!

다른 자전거와 너무 가까이 붙어서 달리지 않아요.

자전거를 탈 때에는 반드시 안전모와 보호대를 착용해요.

자전거 전용 도로에서 타요.

횡단보도를 건널 때에는 내려서 자전거를 끌고 가요.

인도에서는 천천히 가요.

건전지 갈아 끼우기

"누나, 우리 장난감 가지고 놀자!"
은지와 지훈이가 장난감을 가지고 신나게 놀았어요.
"어? 로봇이 멈췄어!"
"걱정 마. 누나가 건전지를 갈아 줄게. 그러면 다시 움직일 거야."

장난감 건전지 갈아 끼우는 법

1 드라이버로 나사못을 시계 반대 방향으로 돌려 뺀 뒤 덮개를 열어요.

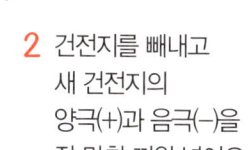

2 건전지를 빼내고 새 건전지의 양극(+)과 음극(−)을 잘 맞춰 끼워 넣어요.

3 덮개를 닫고 나사못을 나사 구멍에 끼운 뒤 시계 방향으로 드라이버를 돌려 잠가요.

4 다 쓴 건전지는 폐건전지 수거함에 버려요.

* 쓰임에 따라 여러 가지 모양과 크기의 건전지가 있어요. 제품에 맞는 것으로 써야 해요.

여러 가지 공구

드라이버 나사를 조이거나 풀 때 써요. 나사 머리의 홈 모양에 따라 일자(⊖)와 십자(⊕)로 구분하며, 홈에 맞는 크기로 골라 써요.

못 어떤 물건을 연결하거나 고정시킬 때 써요. 망치로 쳐서 박는 일반 못과, 드라이버로 돌려서 끼우는 나사못이 있어요.

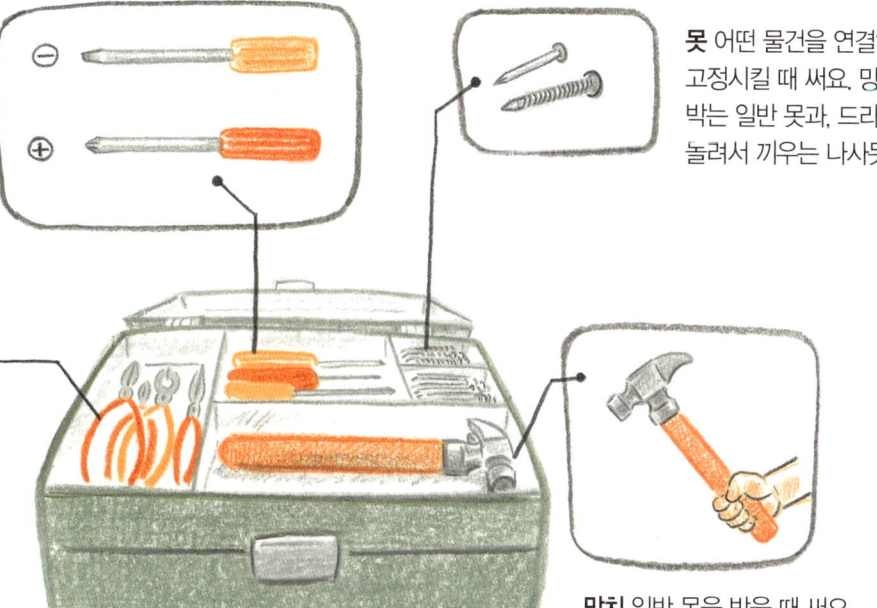

펜치, 니퍼 철사나 전선을 구부리거나 자를 때 써요.

망치 일반 못을 박을 때 써요.

가족 기념일 챙기기

"엄마 아빠께 드릴 어버이날 카드를 만들자!"
지훈이가 예쁘게 그림을 그리고,
은지가 또박또박 편지를 썼어요.

 ### 팝업 카드 만드는 법

▶ 준비물 : A4 크기의 종이 2장, 가위, 풀, 색연필

1 종이에 예쁘게 카네이션을 그린 뒤 가장자리를 따라 가위로 오려요.

2 다른 종이를 반으로 접은 뒤 접힌 면의 양 끝에서 9cm 되는 곳에 3cm 깊이로 가위집을 내요.

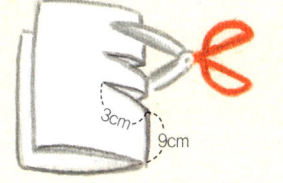

3 가위집을 낸 부분을 카드 안쪽으로 밀어넣고, 점선 부분을 접어요.

4 카드 안으로 접힌 부분 앞면에 풀을 칠하고, 카네이션이 접히지 않도록 조심하면서 붙여요.

 ### 감사를 전하는 깜짝 선물

어버이날 엄마, 아빠께 감사하는 마음을 담아서 축하 카드와 종이 카네이션을 만들어 봐요. 심부름 쿠폰도 함께 넣어 보세요. 가족끼리 기념일을 잊지 않고 챙기면 사랑하는 마음이 더 커진답니다.

깔끔하게 정리 정돈하기

"우리 누가 빨리 치우나 내기할까?"
은지가 어질러진 방 안을 보며 말했어요.
"좋아, 그럼 진 사람이 업어 주기!"
"좋아!"

정리 정돈하는 법

책가방, 실내화 주머니, 장난감 등 사용한 물건은 아무 곳에 두지 말고 모두 제자리에 돌려놓아요. 물건마다 제자리를 정해 두면 정리하기도 좋고 필요할 때 쉽게 찾을 수 있어요.
- 연필, 볼펜, 지우개 등 자그마한 학용품은 필통이나 서랍에 보관해요.
- 가방은 정해진 자리에 놓고, 겉옷은 옷걸이에 걸어요.
- 장난감은 상자나 장식장에 정리해요. 자주 갖고 노는 장난감은 꺼내기 쉬운 곳에 놓아요.
- 책은 책장에 꽂고, 넘어지지 않게 가지런히 정리해요.

고슬고슬 맛있는 밥 짓기

은지가 엄마를 도와 저녁 식사 준비를 해요.
"엄마, 나도 요리하고 싶어요!"
지훈이도 덩달아 팔을 걷어붙였어요.
"그럼 지훈이는 밥 짓는 걸 도와주렴."
"네!"

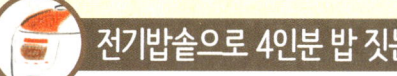 **전기밥솥으로 4인분 밥 짓는 법**

1 쌀 계량 컵으로 쌀 4컵을 퍼서 쌀 씻는 바가지에 담아요.

2 바가지에 가득 물을 붓고 가볍게 저은 뒤 쌀이 넉넉히 잠길 정도만 남기고 물을 따라 내요.

3 손으로 쌀을 가볍게 문질러 씻어요. 물이 하얘지면 따라 버리고 새 물을 받아서 씻어요. 이것을 2~3회 반복해요.

4 쌀을 소쿠리에 넣어 물을 빼요.

5 물기를 뺀 쌀을 밥통에 넣고 4인분 표시까지 물을 부어요.

6 밥통을 밥솥에 넣고 취사 버튼을 눌러요.

7 취사가 끝나면 밥솥 뚜껑을 열어요.

8 밥을 주걱으로 퍼서 밥그릇에 먹을 만큼 담아요.

9 맛있는 밥이 완성됐어요.

🚫 **조심하세요!**

밥솥에서 뜨거운 김이 나올 수 있으니 뚜껑을 열 때 조심하세요.

뜨거운 밥그릇을 들 때에는 양손으로 바깥쪽을 감싸듯이 쥐세요. 장갑을 끼고 쥐어도 좋아요.

달걀 프라이 만들기

"엄마, 내가 달걀 프라이를 만들래요!"
"그래, 조심해서 해야 해."
탁! 은지가 프라이팬에 달걀을 치는 순간, 달걀 껍데기에 쫙 금이 갔어요.

달걀 깨는 법

1 달걀 옆면을 그릇 모서리에 가볍게 두드려 껍데기에 금이 가게 해요.

2 달걀을 양손으로 쥐고 금이 간 곳을 엄지로 눌러서 벌려요.

3 달걀 껍데기를 양쪽으로 쪼개서 내용물을 그릇에 떨어뜨려요.

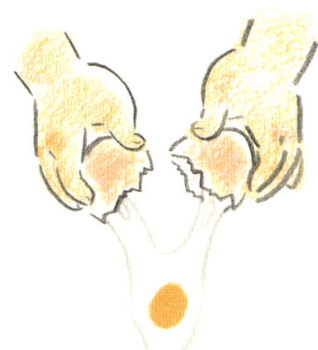

4 껍데기에 붙어 있는 내용물까지 완전히 떨어지길 기다려요.

 **달걀 부치는 법**

달걀은 몸에 꼭 필요한 영양 성분이 골고루 들어 있어서 '완전식품'이라고 해요. 달걀은 여러 가지 방법으로 먹을 수 있고 맛도 좋답니다.

프라이팬을 중간 불로 달군 뒤 식용유를 살짝 둘러요.

그릇에 담아 놓은 달걀을 프라이팬에 붓고 약한 불로 익혀요.

한쪽 면이 다 익으면 뒤집개로 달걀 전체를 들어서 뒤집어요.

 **조심하세요!**

달걀 껍데기 조각이 들어가지 않게 해요.

가스 불은 반드시 어른과 함께 사용해요.

전자레인지로 음식 데우기

"엄마, 난 피자!"
"응? 밥 먹어야지."
"밥도 먹고, 피자도 먹을래요."
엄마는 냉동실에 넣어 둔 피자를 꺼내 주었어요.

 **전자레인지 사용하는 법**

사용할 수 있는 그릇
종이, 내열 유리, 도자기 등

사용할 수 없는 그릇
컵라면 용기, 요구르트 병, 금속, 고무, 호일

* 그릇 바닥에 'MICROWAVE SAFE'라는 표시가 있으면 전자레인지 사용이 가능하다는 뜻이에요.

* 전자레인지를 사용하면 차가워진 음식을 간단하게 데워 먹을 수 있어요.
전자레인지는 편리하지만 잘못 사용하면 위험해요. 사용법을 잘 배워서 안전하게 사용해야 한답니다.

1 사용할 수 있는 그릇에 데울 음식을 담아요.

2 전자레인지 문을 열고 그릇을 안에 똑바로 넣어요.

3 타이머로 데울 시간을 설정해요.

4 작동 중일 때에는 전자레인지에서 떨어져서 기다려요.

5 땡 소리가 나면 다 데워진 거예요.

6 전자레인지 문을 열고 그릇을 꺼내요.

 **조심하세요!**

그릇이 뜨거우니 꺼낼 때 장갑을 껴요.

그릇을 놓을 때에는 아래 받침을 깔아요.

달그락달그락 설거지하기

"엄마, 오늘은 우리가 설거지할게요."
"은지랑 지훈이가 다 컸구나!"
엄마가 활짝 웃으며 칭찬했어요.
은지와 지훈이는 콧노래를 부르면서 설거지를 했어요.

 ### 설거지하는 법

식사 후에는 가능한 빨리 설거지를 해야 해요. 음식물이 묻은 그릇을 쌓아 두면 세균이 번식할 수 있거든요.
먹을 만큼 음식을 담아서 남기지 않고 깨끗하게 먹으면 설거지하기도 훨씬 쉬워요.

1 키친타월로 남아 있는 음식 찌꺼기를 닦아 내요.

2 그릇을 물에 담가서 불려 두면 씻기 쉬워요.

3 수세미에 세제를 묻혀 거품을 내요.

4 수세미로 그릇의 안쪽과 바깥쪽을 깨끗이 닦아요.

5 물로 깨끗이 헹구어요.

 ### 설거지한 그릇 건조대에 놓는 법

접시는 크기와 종류에 따라 세워서 가지런히 놓아요.

밥그릇이나 국그릇은 뒤집어 포개 놓아요.

컵은 마른 수건 위에 뒤집어 놓아요.

 ### 조심하세요!

그릇을 한 번에 너무 많이 옮기지 않아요.

유리컵은 깨지기 쉬우니 한 손에 하나씩 들어요.

세제가 묻은 그릇은 아주 미끄러우니 떨어뜨리지 않게 조심해요.

쓱쓱 싹싹 청소하기

오늘은 온 가족이 함께 대청소를 하는 날이에요.
엄마는 빨래를 하고, 아빠는 청소기를 돌려요.
은지와 지훈이도 쓱쓱 싹싹 열심히 청소를 했어요.

 ## 빗자루로 쓰는 법

빗자루로 방바닥을 살살 쓸면서 쓰레기를 한곳으로 모아요.

빗자루로 모은 먼지와 쓰레기를 쓰레받기에 쓸어 담고 쓰레기통에 털어 버려요.

 ## 청소기 사용하는 법

허리를 곧게 펴고 서서 손에 힘을 빼고 청소기 손잡이를 잡아요.

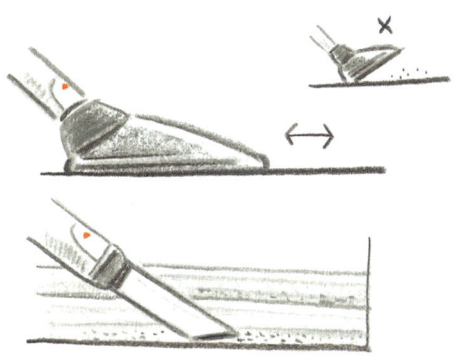

먼지를 빨아들이는 부분을 바닥에 딱 붙여서 밀고 다녀요. 가는 모양의 흡입구로 창문 틀처럼 좁은 곳도 깨끗이 청소할 수 있어요.

 ## 걸레질하는 법

걸레로 책상, 바닥, 가구 등 집 안을 구석구석 닦아요.

더러워진 걸레는 빨랫비누로 빨아요. 물기를 짤 때에는 걸레를 잡고 양손을 반대 방향으로 돌려요.

착착 가지런히 옷 개기

"지훈아, 너 양말에 구멍 났다~!"
"키키킥!"
옷을 개던 지훈이가 키득거리며 웃었어요.

팬티 개는 법

 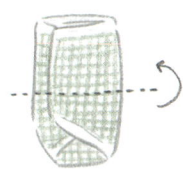 

팬티를 펼친 뒤 양옆에서 가운데로 1/3씩 접어요.

아래쪽에서 위쪽으로 반 접어요.

팬티가 개어졌어요.

티셔츠 개는 법

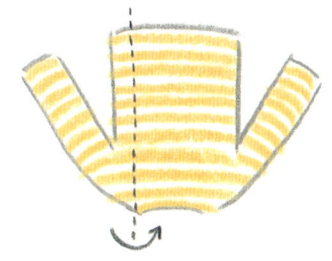 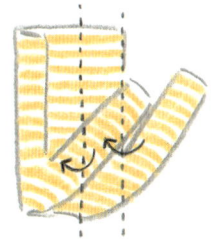 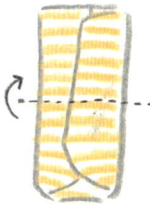 

옷을 뒤집어 펼친 뒤 왼쪽 소매와 몸통 1/3만큼 가운데로 접어요.

오른쪽 소매를 가운데로 접은 뒤 몸통 1/3만큼 다시 접어요.

아래에서 위쪽으로 반 접어요.

티셔츠가 개어졌어요.

바지 개는 법

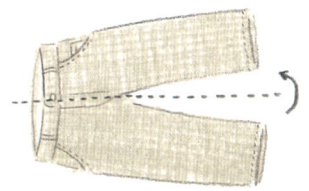 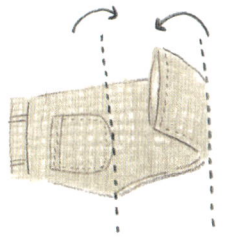 

바지를 펼친 뒤 세로로 반 접어요.

가로로 놓고 밑단부터 1/3씩 접어요.

바지가 개어졌어요.

양말 개는 법

양말 두 짝을 옆면이 보이도록 납작하게 펴요.

양말 두 짝을 포개어 놓고 발목 부분을 1/3만큼 접어 내려요.

발끝 부분을 1/3만큼 접어 올려요.

접어 올린 발끝 부분을 발목 안으로 쏙 집어넣으면 양말이 개어졌어요.

* 옷을 넣어두는 장소에 따라 다양한 방법으로 갤 수 있어요.

하얗게 실내화 빨기

"히히, 누나 실내화가 새까매."
"네 것도 똑같거든."
"아니야, 내 건 누나 거보다는 깨끗해!"
지훈이가 꼬질꼬질한 실내화를 빨며 까불거렸어요.

 **실내화 빠는 법**

1 대야에 따뜻한 물을 받고 세제를 풀어서 잘 섞어요.

2 실내화를 물에 담가 때를 불려요.

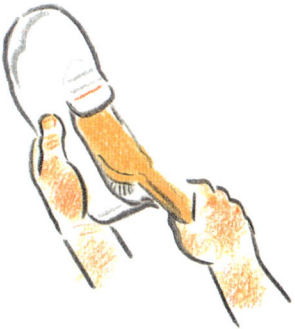
3 실내화 안쪽을 솔로 문질러 닦아요.

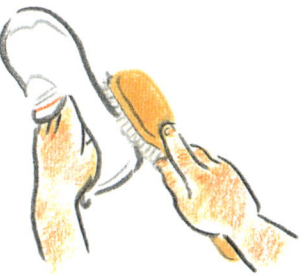
4 겉면과 밑창을 솔로 문질러 닦아요.

5 비누 거품이 안 나올 때까지 물을 갈며 헹구어요.

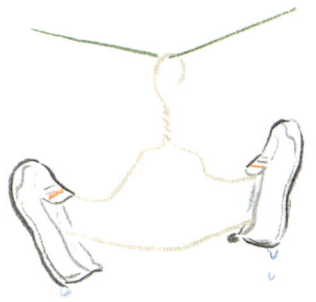
6 물기를 털어 햇볕과 바람이 잘 통하는 곳에서 말려요.

 **간편하게 실내화 빠는 법**

1 실내화 두 짝이 들어가는 크기의 비닐봉지에 따뜻한 물을 반 이상 담고 세제 1스푼을 넣어 잘 섞어요.

2 실내화를 비닐봉지 안에 넣고 물에 푹 잠기게 한 뒤 물이 새지 않도록 입구를 꼭 묶어요. 10~20분 후 꺼내요.

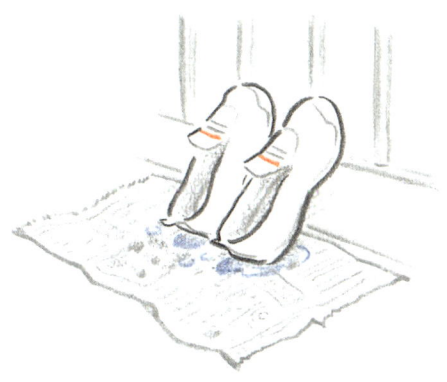
3 실내화를 꺼내 깨끗한 물에 헹구어서 비눗기를 뺀 뒤 창문에 세워서 말려요.

재활용 쓰레기 분리수거하기

오늘은 재활용 쓰레기를 내놓는 날이에요.
"얘들아, 종류별로 섞이지 않게 잘 버려야 해."
"걱정 마세요. 학교에서 배워서 잘할 수 있어요!"
지훈이가 페트병이 가득 담긴 봉투를 번쩍 들었어요.

쓰레기 종류에 따라 버리는 법

대형 쓰레기
침대, 장롱 등 커다란 쓰레기는
구청에 신청한 뒤, 발급받은
스티커를 붙여서 정해진 곳에 버려요.

일반 쓰레기
종량제 봉투에 넣어
잘 묶은 뒤
정해진 곳에 버려요.

음식물 쓰레기
음식물 쓰레기 봉투에 넣어
음식물 쓰레기함에 버려요.

페트병은 구겨서
부피를 줄여요.

재활용 쓰레기
종이, 병, 플라스틱 등 재활용해 쓸 수 있는 것들을
분리해서 정해진 곳에 버려요.

음식물 쓰레기가 아닌 것

동물의 사료로 쓸 수 있는 것만 음식물 쓰레기로 버릴 수 있어요.

쪽파, 대파, 양파 등
채소의 뿌리와 껍질

호두, 밤, 땅콩 등 견과류의 딱딱한 껍데기와
복숭아, 감 등 과일의 딱딱한 씨

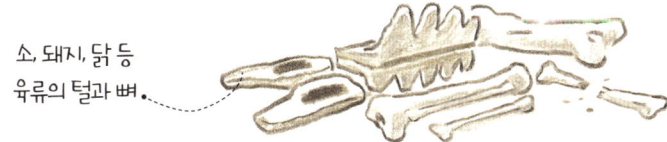

소, 돼지, 닭 등
육류의 털과 뼈

조개, 굴 등
어패류의 껍데기

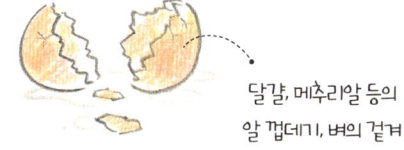

달걀, 메추리알 등의
알 껍데기, 벼의 겉겨

*쓰레기를 줄이려면 음식을 남기지 않고,
일회용품을 적게 쓰는 습관을 들여요.

● 상쾌하게 머리 감기

"누나가 먼저 씻어."
"싫어! 가위바위보로 정해!"
"좋아! 가위바위보!"
오늘은 은지가 먼저 씻는 날이네요.

 **머리 감는 법**

1 머리가 엉키지 않게 빗으로 빗어요.

 2 미지근한 물로 머리카락을 충분히 적셔요.

3 손바닥에 샴푸를 짜서 거품을 내요.

 4 손가락 끝을 사용해서 머리를 씻어요.

5 물로 머리를 깨끗하게 헹구어요.

 6 머리카락을 가볍게 쥐어 물기를 짜내요.

7 수건으로 머리를 꾹꾹 눌러서 물기를 닦아요.

 8 선풍기나 헤어드라이어를 사용해서 머리카락을 완전히 말려요.

🚫 **조심하세요!**

전기 제품은 반드시 마른 손으로 만져요. 또 헤어드라이어는 머리에서 30cm정도 떼어요.

욕조나 바닥에 떨어진 머리카락을 치우고 나가요.

머리카락이 젖은 채로 밖에 나가면 감기에 걸리기 쉬우니 반드시 말리고 나가요.

개운하게 목욕하기

"난 해적이다! 세계 최고의 수영 선수다!"
지훈이는 욕조 속에서 첨벙첨벙 신나는 놀이를 했어요.

 ## 몸을 씻는 법

1 샤워기나 바가지로
   물을 몸에 뿌려요.

2 목욕 타월에 비누를 묻힌 뒤,
   타월로 몸 전체를
   부드럽게 문질러요.

3 턱 아래와 목, 귀 뒤,
   겨드랑이, 가랑이, 등,
   발뒤꿈치까지 구석구석
   꼼꼼히 문질러요.

4 샤워기나 바가지로
   물을 몸에 끼얹으며
   비누를 깨끗이 씻어내요.

5 물을 대야에 받아서
   타월을 빨고 물기를 짜요.

6 욕실을 나와 매트 위에서
   마른 수건으로
   몸에 있는 물기를
   누르듯이 닦아 내요.

조심하세요!

욕실에서는
뛰지 말고
조심조심
걸어요.

욕조의 물이 바닥에
넘쳐 흐르지 않게
조심해요.

쌔근쌔근 잠자리 들기

"아빠, 엄마, 안녕히 주무세요!"
"은지랑 지훈이도 잘 자! 좋은 꿈 꿔라."
은지와 지훈이는 기분 좋게 잠이 듭니다.

오늘도 신나는 하루였어요.

 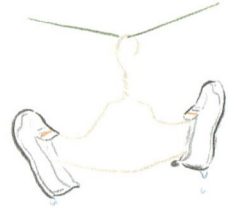

 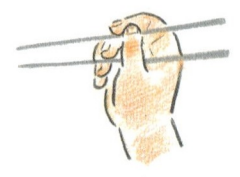